OBSERVATIONS

RAPIDES, ADRESSÉES

A L'ASSEMBLÉE NATIONALE,

Sur l'état actuel de nos Colonies.

Jacta est alea.

Le fort en est jetté, & bientôt nos Colonies vont se rendre indépendantes, ou passer sous la domination d'une puissance étrangère. Il seroit inutile de s'étendre sur la cause connue d'un mal existant; mais il est du devoir de tout homme qui aime sa patrie, de chercher du remède avant que les progrès de la plaie la rendent incurable.

Il ne s'agit donc pas de savoir par qui & comment a été faite cette plaie profonde. Que ce soit le résultat du zele imprudent des amis de l'humanité, ou de la prévention des Colons; que ce soit un effet de l'intrigue d'une

A

part , ou de l'indolence de l'autre ; que ce foit enfin la fuite d'une mefure inconfidérée du côté gauche , ou d'une vengeance réfléchie du côté droit : un examen de cette nature n'auroit aucun but utile. Mais ce qu'il eft important de connoître en voyant l'étendue du mal , ce font les moyens d'y remédier ; & tout en convenant qu'il ne fauroit être plus grand, on conferve cependant quelque efpérance ; on prévoit une guérifon certaine ; on fait qu'il refte encore des mefures à prendre , & fi elles font dictées par la fageffe , la modération & l'envie de faire le bien ; fi elles font fondées fur les bafes immuables de l'équité , & dirigées d'après les vues d'une politique éclairée , qui s'étende , non-feulement à la génération préfente , mais auffi à celles qui viendront après : fi , dis-je , Meffieurs , ces mefures font ainfi prifes , elles affureront des avantages fi grands , fi folides & fi conftans à la Métropole & aux Colonies , que la crife actuelle fera peut-être un jour citée comme l'époque la plus heu-reufe de l'hiftoire des deux pays. Si , au con-traire , les précautions font fuggérées par un reffentiment puéril , ou par les vils motifs du monopole , c'eft alors que le mal fera fans reffource : fes ravages , auffi prompts que ceux

(3)

de la pefte & de la famine., entraîneront avec
la ruine entière des Colonies celle du commerce & de la marine de France.

Le premier pas à faire , celui dont la néceffité
femble fe faire fentir d'abord , feroit de révo-
quer le décret dangereux du 15 mai , dans la
fuppofition que cette démarche remettroit les
chofes fur le pied où elles étoient auparavant.
Mais quiconque connoît les Colonies conviendra que cette conduite , loin de concilier les
efprits , ne ferviroit qu'à rendre les habitans
moins traitables : non-feulement ils l'attribue-
roient à une foibleffe de la part de l'Affemblée
nationale , mais , ce qui eft pis encore , ils la
regarderoient comme une nouvelle marque
d'un défaut de bonne-foi. *C'eft-là qu'eft le
grand mal :* & ne penfez pas que ce foit uni-
quement la crainte des fuites du décret du 15
mai , qui a enlevé à la France l'affection des
Colons ; c'eft la connoiffance de la difcuffion
préalable qui a eu lieu dans l'Affemblée nationale ; c'eft l'infraction manifefte , & en quelque façon fyftématique de la foi publique , dont
ils trouvent des preuves dans les décrets des
8 & 18 Mars , 12 Octobre , & 15 Mai , qui
a détruit pour jamais cette confiance fans bornes , que les Colonies avoient pour l'Affemblée

Nationale, & que rien ne sauroit lui rendre ; c'est la cruauté avec laquelle l'Assemblée a paru approuver les dispositions hostiles & peu méritées des Bordelois (1) envers les Colonies, qui, en plongeant l'esprit des habitans, déjà irrités, dans la plus grande douleur, a mis entr'eux & la mère-patrie une barrière insurmontable ; à moins que, par des moyens & des témoignages différens, les Législateurs & la Nation en général, ne désapprouvent ouvertement des mesures tendantes à établir un gouvernement plus cruel & plus despotique que celui dont ils viennent d'être affranchis. Au reste, ces sentimens ne sont pas seulement ceux des habitans de Saint - Domingue ; les hommes les plus modérés, les meilleurs citoyens des autres Colonies, déclarent hautement *que l'Assemblée Nationale a perdu leur confiance sans retour.*

---

(1). La manière dont les habitans de Bordeaux ont voulu se laver de cette conduite, ajoute encore à l'insulte qu'ils ont faite aux Colons Ils ont prétendu que ce n'étoit pas eux qui avoient envoyé l'adresse en question à l'Assemblée Nationale ; que c'étoit l'ouvrage de quelques personnes attachées à des clubs. Mais n'étoit-il pas de leur devoir de réprimer une telle conduite de la part de quelques clubistes ? Nous demandons si lorsque la chose publique est en danger, il est du devoir des bons citoyens de rester simples spectateurs des mouvemens que font des factieux pour accélérer la ruine de l'Etat,

(5)

La révocation du décret du 15 Mai ne feroit donc qu'un acte nul, humiliant & sans avantage.

Cette idée mife de côté, on pourroit peut-être lui fubftituer la raifon du plus fort, la reffource d'obtenir obéiffance & foumiffion à coups de bayonnettes. S'il exifte en France un homme affez féroce pour concevoir un pareil projet, qu'il jette les yeux fur l'Angleterre; il changera bien vîte d'opinion. Cette Nation, égarée par l'idée qu'elle fe faifoit du *pouvoir irréfiftible de fon Parlement*, a dépenfé au-delà de deux milliards, & facrifié plus de cent mille hommes, pour tâcher avec fes flottes & fes armées de faire recevoir une loi, à-peu-près auffi fage que celle dont il s'agit. Quel a été le réfultat ? Après toutes fes pertes, l'Angleterre a fenti, non-feulement que fes projets étoient impraticables, elle a, en outre, été convaincue que fi le fuccès eût répondu aux efforts qu'elle faifoit en Amérique, elle auroit fini par n'avoir plus befoin de loix pour un pays qu'elle auroit dé-peuplé. Si malgré cet exemple, auffi terrible que récent, il fe trouvoit un être encore affez aveuglé pour recommander envers les Colonies Françoifes la même conduite que les Anglois ont tenue à l'égard des leurs, que cet homme

A 5

sache *qu'àujourd'hui* toutes les forces de la France ne suffiroient point pour une entreprise contre laquelle les *principes actuels* font révolter la généralité des esprits. Les hommes de tous les pays adoptent les préjugés & les passions de leurs compatriotes, par-tout où ils se rencontrent. Les François sont de même. Que demain l'on fasse partir pour Saint-Domingue 10,000 hommes des meilleures troupes de France, dans moins de vingt-quatre heures après le débarquement, 8000 passeront du côté des Colons pour défendre ce que l'on juge à-propos d'appeler des préjugés, mais qu'eux ne manqueront jamais d'appeler les droits imprescriptibles & inaliénables *des François de Saint-Domingue.*

Si par considération pour les connoissances militaires & l'expérience des Bordelois, on trouvoit plus à-propos d'envoyer 10,000 volontaires de ces messieurs, il n'y a pas un Officier en France, un peu au fait du local des Colonies, qui, à la tête de 800 grenadiers du Cap, ne s'engageât, sur sa vie, de si bien promener les guerriers de Bordeaux à travers les ravins, par-dessus les montagnes & dans les embuscades, qu'il n'en resteroit pas un seul pour venir apporter des nouvelles de cette utile & glorieuse campagne. Dans une lettre écrite par un Anglois plein de connoiſſances & de jugement, qui ſe trouvoit à la Martinique lors des derniers troubles, il eſt affirmé qu'un détachement de 7 à 800 Colons ſuffiroit pour détruire une armée de 20,000 hommes des meilleures troupes de l'Europe, en ne tirant avantage que de leur défaut de connoiſſance du pays.

J'ai donc raiſon de maintenir que la ſeule cauſe d'impoſſibilité doit faire rejeter toute idée de force, & qu'elle ne peut entrer que dans la tête d'un furieux, ou d'un homme avide de carnage & de rapine. Car, après tout, quels ſont les avantages que la France retire, &, peut encore retirer de ſes Colonies ? Ceux du commerce, ſans doute ; & il ne peut y en avoir d'autres. Mais ces avantages ne peuvent exiſter & s'obtenir qu'au ſein de la paix & de la tranquillité : & on iroit propoſer d'envoyer des flottes & des armées pour détruire ce commerce & ces avantages à leur ſource même ! On ſe révolte à l'idée d'un projet auſſi abſurde & auſſi finiſtre. Si l'on veut réfléchir un moment à la ſenſation qu'à faite dans l'Iſle la gaſconade de quelques cerveaux brûlés de la ville de Bordeaux, on frémira des ſuites terribles que ces diſpoſitions pourroient avoir, ſi malheureuſement elles ſe trouvoient être celles de l'Assemblée Nationale & de la masse de la Nation.

L'épée une fois tirée contre St-Domingue, dans la circonstance actuelle, la destruction de cette Isle en sera la suite ; mais jamais la Métropole ne recevroit plus la moindre production de ses Colonies.

Depuis le premier jour de la discussion qui a précédé le fatal décret du 15 mai, je n'ai cessé de m'occuper de cet objet. Je prévoyois bien les conséquences, puisque j'annonçai exactement ce qui se passe. Je dois même avouer que je redoutois sur-tout les premiers momens d'effervescence : heureusement que je me suis trompé ; jusqu'à présent nous savons que ce moment critique s'est écoulé sans effusion de sang : & si nous voulons profiter de l'exemple, & employer avec sagesse les instans qui nous restent, tout peut encore s'arranger à la satisfaction de la France & des Colonies, & pour le bien général de l'Europe.

Les événemens les plus grands & les plus heureux ont été souvent l'effet d'un pur hasard ; quelquefois la providence nous dirige vers le bien par une suite de circonstances imprévues, dont la force de l'ascendant qui nous entraîne nous fait tirer parti plutôt que notre fageffe & notre prévoyance.

La propofition que je vais vous faire, Meffieurs, quelques années plutôt, eût été taxée d'imprudence & de témérité : mais à préfent, c'eft la conféquence naturelle & inévitable des circonftances où nous fommes. Il ne s'agit pas moins que de prévenir le vœu des Colonies, *de les déclarer indépendantes, & de leur offrir la garantie de cette indépendance à de certaines conditions.*

Que perfonne ne s'effarouche : avant de condamner mon plan, il faut entendre de quelle manière je le défendrai.

Une grande vérité, *c'eft que nous ne pouvons faire autrement ; l'Affemblée n'a point de parti à prendre que celui-là ; & fi nous n'offrons pas notre protection & notre garantie aux Colonies, d'autres nations s'emprefferont de le faire pour partager des avantages qu'il eft encore en notre pouvoir de nous affurer en entier.*

Mais quoique je regarde ces vérités comme des propofitions démontrées, néanmoins (fans renoncer à les faire valoir), je vais prouver qu'il eft de notre intérêt de faire par choix ce qu'une néceffité cruelle nous forceroit de faire *quand il n'en feroit plus temps.*

Mais avant d'aller plus loin il ne sera pas superflu de faire connoître l'opinion générale entretenue sur les Colonies, comme faisant partie intégrante de l'empire François.

Voici, à cet égard, de quelle manière s'exprime un Ecrivain profond, qui a fait l'apologie de la révolution, & pris la défense de notre constitution avec un succès égal.

« La France ayant renoncé à tout projet de
» conquête, ne pourra avoir déformais d'autre
» source probable de guerre que par rapport
» à ses Colonies : & il a été si victorieusement
» démontré que les possessions Coloniales sont
» ruineuses, tant dans les vues commerciales
» que politiques, que le raisonnement con-
» vaincant des philosophes sur ce sujet ne
» peut manquer de produire son effet sur l'Eu-
» rope éclairée , &, avec le tems, de délivrer la
» France de ce fardeau onéreux & destructif (1) ».

On ne doutera point de la justesse & de la force de ce raisonnement, si on considère les Colonies comme étant seules la cause de tant de guerres; & si l'on compare avec exactitude les avantages résultans de leur conservation , avec

____

(1) Mackintosch , vindiciae Gallicae, page 180.

les dépenses qu'exige leur défense. Sous ce point de vue, elles ne sont qu'un fardeau onéreux pour toutes les nations à qui elles appartiennent; &, par cela même, elles doivent être abandonnées, du moment où il subsiste entre elles, & leur métropole, d'autres rapports que ceux fondés sur des liaisons de commerce.

Je ne fais cet argument qu'en passant, & sans chercher à en tirer toute la force dont il est susceptible, je me contenterai d'établir une proposition qui, à ce que je crois, porte sa preuve en elle-même.

Quelques soient les avantages que la mère-patrie retire de ses Colonies, ils n'en vaudront que mieux lorsqu'ils seront assurés au moins de risques & de frais possibles.

Si je parviens maintenant à démontrer que la France peut jouir des mêmes avantages & de plus considérables encore à moins de dangers & de dépenses, au moyen de la garantie de l'indépendance des Colonies sous leur gouvernement actuel, je présume que ma proposition sera prouvée, & mon plan établi par le fait... Examinons d'abord la situation de Saint-Domingue relativement à la France. D'après l'esprit de tous les Décrets & instructions don-

nées par l'Assemblée Nationale à cet égard , *&
dont le résultat seroit obligatoire pour la France dans le cas de l'acceptation des Colonies* , il
paroît que Saint-Domingue doit être chargé
des dépenses nécessaires à son gouvernement ,
à l'exception des munitions & de l'entre-
tien des fortifications. La France a pour son
compte le soin de défendre l'Isle contre les
Puissances étrangères , ce qui occcasionne
des frais énormes , & demande des esca-
dres & des armées , independamment de ce
qu'il en coute chaque année pour l'approvision-
nement des troupes & pour les fortifications.
De son côté , la Colonie de Saint - Domingue est tenue de faire passer en France l'ex-
cédent de ses productions. Je suppose à présent que tout soit égal de part & d'autre : il
n'en est pas moins vrai que le seul article des
munitions & des fortifications présente un
objet considérable d'économie , puisque dans
le cas de la garantie de l'indépendance de
Saint - Domingue , ces dépenses resteroient
à la charge de la Colonie ; & il n'y a pas
de doute qu'il en seroit bientôt de même de
toutes les dépenses que la France est obligée
de faire pour ses Colonies en temps de paix
comme pendant la guerre. Si une fois elles

acquièrent l'indépendance toutes les nations de l'Europe se croiront intéressées à garantir leur neutralité dans la vue de participer au bénéfice de leur commerce : au lieu que tant que les Colonies continueront à être partie intégrante de l'empire François, elles seront sans cesse exposées aux attaques de ses ennemis, & la France toujours dans la nécessité d'envoyer des forces de terre & de mer à leur secours. Mais si nous regardons un peu plus loin, les avantages qui en résulteront pour l'économie, ne sont encore rien en comparaison de l'immensité de ceux qui s'offrent à l'imagination ; & si nous considérons cette mesure comme le premier pas vers l'indépendance de toutes les Colonies Américaines, (*car enfin, tôt ou tard, il faut que cela soit*), alors nous trouverons impossible de calculer les avantages inappréciables & sans fin qui seront la récompense de cette démarche salutaire : & c'est alors aussi que se réaliseroit tout-à-coup le système de paix perpétuelle qui paroît être l'objet favori des François. Nous l'avons déjà dit, & nous répétons cette vérité incontestable, qu'il ne peut plus y avoir de guerre entre la France & l'Angleterre que par rapport à leurs Colonies ; & cette cause une fois détruite, cela vaudra mieux que les traités de paix les plus folemnels entre les deux peuples : & dès que l'Angleterre & la France fe porteront de bonne foi pour garantes d'un fyftême pacifique, il n'en faudra pas davantage pour forcer le monde entier à fuivre les mêmes principes. L'être qui chérit cette idée embraffe avec délices la perfpective du bonheur éternel de l'humanité. Il eft dans l'ordre de la narure & de la marche des événemens, de croire que l'indépendance des Colonies feroit bientôt fuivie de la liberté entière du commerce dans toutes les parties du globe, & de la fuppreffion de toutes les entraves qui l'embaraffent, à l'exception des obftacles que le climat & le défaut d'induftrie oppoferont fans ceffe à fes progrès & à fa perfection : & j'ofe annoncer que jamais le commerce ne fera ce qu'il doit être, qu'au moment de cette liberté générale, & lorfqu'il n'y aura plus ni tarif des droits, ni douane dans toute l'Europe. Au moyen de fa pofition locale, des avantages du fol, de fa population immenfe, & du bas prix de la main-d'œuvre, (même avec la moitié moins d'induftrie que fes voifins) la France fera toujours en état de rivalifer avec fuccès les autres nations de l'Europe dans tous les marchés du monde connu.

En forte, Meſſieurs, qu'à ne conſulter que les grands principes de la politique, ceux d'un commerce libre & univerſel, enfin tous les avantages qui doivent néceſſairement réſulter par la ſuite de la propoſition que j'ai l'honneur de mettre ſous vos yeux, il n'en peut, arriver que le plus grand bien en faveur de la France ; & je crois qu'un examen impartial de toutes les circonſtances démontreroit également les avantages préſens, même juſqu'à convaincre ceux qui ne penſent, voyent & n'agiſſent que d'après les principes déſaſtreux du monopole.

On dit que les autres Nations, particulièrement l'Angleterre, retireroient tous les avantages d'un pareil changement, & voici les raiſons qu'on en donne : *l'Angleterre eſt en état de payer plus cher les productions des Colonies, & peut leur fournir en retour tous les articles de leurs beſoins, mieux fabriqués & à meilleur marché.*

D'abord, l'Angleterre ne ſauroit, *quant-à-préſent*, tirer autre choſe des Iſles que du coton : ainſi nos Colonies ſeront obligées de ſe fournir des objets dont elles ont beſoin dans les marchés où elles trouveront à ſe défaire de

leurs fucres, de leurs cafés & de leur indigot ;
& la Hollande eft le feul pays où elles pourroient les tranfporter. Mais en Hollande ces
denrées ne fe vendent pas auffi bien qu'en
France, & les objets néceffaires aux Colons n'y
font pas à fi bon marché, ni auffi bien fabriqués qu'ils le font en France : enforte que ,
dans la fuppofition d'un traitement égal , nous
aurons autant d'avantages que nos voifins pour
faire le commerce des Colonies dans le cas o'
elles deviendroient indépendantes fans conditions. Mais la France a encore d'autres titres en
fa faveur : l'origine , le langage , les mœurs , les
ufages , les liens du fang , l'éducation ; tous
ces rapports , dont la durée ne peut être connue , détruiront ceux des avantages que les
autres Nations auroient , pour le moment , fur
nous , & nous rendront , foyons en sûrs , les
maîtres abfolus du commerce de nós Colonies : & quand il arriveroit que ces motifs
puiffans d'intérêt finiroient un jour , d'ici à cette
époque , encore trop reculée pour la craindre ,
la France , par fes avantages locaux , fa population & fon travail , deviendra un marché pour
toutes les colonies , prendra leurs productions à
des termes plus avantageux que l'Angleterre
même , & mieux que cette dernière elle pourra
fournir

fournir aux Isles les objets de leurs besoins,
aussi bons & au même prix. S'il en arrivoit autrement les François ne mériteroient guère
cette Constitution sublime & si propre à les faire
jouir de tous les avantages qui les environnent,
& par conséquent à exciter leur industrie : car
il ne faut jamais perdre de vue ce principe fon-
damental de commerce, c'est que tout esprit de
monopole lui est aussi nuisible qu'à la liberté,
& que, suivant l'ordre naturel des choses, tous
les individus & tous les peuples doivent jouir
du droit de transporter leurs denrées & le produit de leurs travaux, dans les lieux où ils sont
assurés d'en tirer le meilleur parti, & de trouver ce dont ils peuvent avoir besoin aux conditions les plus favorables.

J'ai déjà observé que suivant les loix actuelles
de l'Angleterre, il est défendu d'y importer
aucune production des Colonies étrangères,
excepté le coton, & encore faut-il qu'il vienne
en droiture de l'endroit où il a été produit :
mais craignons en obligeant nos Colonies à se
jeter dans les bras d'une Puissance étrangère,
d'engager cette Nation politique à réformer cette
partie de ses loix. Les préjugés naturels des
Colons, comme je l'ai déjà remarqué, les atta-
cheront encore long-temps à la France, &

B

peut-être pour toujours si on les invite par des
moyens efficaces; mais si nous brisons nous-
mêmes tout-à-coup ces liens sacrés, si nous for-
çons les Colonies à renoncer à leur attachement, & que nous soyons assez irréfléchis pour
les contraindre à former des liaisons ailleurs,
il s'écoulera bien du temps avant qu'elles re-
viennent à nous, si toutefois elles étoient jamais disposées à le faire. Avant que l'Angleterre commençât les hostilités contre l'Amérique, ce pays lui eut accordé tous les avantages d'un commerce exclusif, & auroit sous-
crit à tout, excepté à une soumission sans réser-
ve: *Fas est & ab hoste doceri.* Regardons ce qui se
passe autour de nous, & soyons sur nos gardes.
Dans ce moment la Colonie de Saint - Domingue consentiroit avec joie à nous accorder
un commerce exclusif chez elle, par la seule
raison de ne plus nous voir prendre aucune
part à son Gouvernement intérieur, & d'être
débarrassé des prétentions ridicules de ces Législateurs qui veulent *donner des loix à un
peuple éloigné, dont ils ne connoissent ni les
mœurs ni les préjugés.* Mais si l'on souffre que
l'état de séparation qui existe actuellement
entre nous & les Colons dure encore quelques mois, peut-être ne voudront-ils plus nous

admettre dans leurs ports fous aucune condi-
tion quelconque: Hé , Meſſieurs , par amour
pour la paix, au nom de l'humanité , & de
tout ce qui peut intéreſſer le bien public, pro-
fitons du moment , & ſoyons ſages pendant
qu'il en eſt encore tems !

Après tout ce qu'on a dit on chercheroit en
vain quelle grande différence il y a entre notre
ſituation actuelle, & ce qu'elle feroit dans le cas
de l'indépendance conditionelle des Colonies :
il me ſemble que c'eſt *une diſtinction ſans différence*. J'en appelle à tout homme éc airé &
ſans paſſion qui a lu avec attention les décrets
& les inſtructions fur les Colonies : il verra
que ſi elles ne ſont pas libres & indépendantes
de jure , au moins elles ſont telles *de facto* ; &
après avoir mûrement peſé toutes les circonſtances , il conviendra que la ſeule différence
que l'on ſuppoſe conſiſte en ce que la France
dit actuellement aux Colonies : *Donnez-moi le
droit excluſif du commerce chez vous* ; à quoi
les Colonies , après avoir obtenu la garantie de
l'indépendance conditionelle , *repondroient* :
*Nous vous aſſurons le privilège du commerce ex-
cluſif chez nous.* Cette diſtinction doit-elle être
un ſujet de guerre ? Ou bien cette différence
juſtifieroit-elle la perte des hommes , & des

trésors qu'il faudroit sacrifier ? Assurément non.
Quant à la manie du point d'honneur, j'espère
que l'hydre de la féodalité a été abattu de manière à ne jamais se relever, & qu'il ne pourra
par conséquent allumer la discorde entre la
mère-patrie & ses enfans. Je n'admets pas un
moment comme objet de considération les prétentions mal fondées de vouloir faire des loix pour
les Colonies ; les principes fondamentaux de la
nouvelle constitution s'élèvent contre de pa-
reilles prétentions ; & c'est une remarque cu-
rieuse à faire, que le Parlement Britannique,
malgré toutes les siences a un pouvoir sans
bornes, n'a jamais entrepris de faire des loix
pour les Colonies Angloises. Mais revenons à
notre argument. S'il étoit possible de continuer
à s'assurer *par la force* du commerce exclusif
des Colonies sans égard à la réciprocité des
avantages, (ce que l'état des lumières généralement répandues rend infiniment douteux) il
seroit de la plus mauvaise politique de l'essayer,
non-seulement parce que les moyens militaires
qu'une telle entreprise exige coûteroient beau-
coup plus que ne valent tous les avantages possibles d'un commerce de cette nature, mais
encore parce que cela effaceroit jusqu'à la dernière trace de l'affection des Colons, anéan-

tiroit toute idée d'un attachement généreux &
honorable pour la mère-patrie, & se termine-
roit enfin par la ruine entière des Colonies &
de leur commerce. Et ne perdons jamais de vue
que le commerce ne fleurit que par la liberté, &
que les canaux qui peuvent le vivifier n'ont
d'autre source que la réciprpocité des avantages.
Suivant toute probabilité le plan que je propose
établira cette réciprocité sur les deux hémis-
phères, sans toucher, le moins du monde,
aux droits & priviléges d'aucun individu ou
classe d'hommes, excepté cependant celle *des*
sycophantes d'une cour corrompue.

Les ministres verroient effectivement tarir
une des grandes sources des graces qu'ils savent
si bien distribuer, & plusieurs de leurs ser-
viteurs perdroient avec leurs places le fruit
de leur basse complaisance : il n'y auroit plus
de gouvernemens à donner ; plus d'Intendans
à expédier avec des cargaisons de commis ;
plus de commissaires, ni de ces autres sang-
sues qui se sont trop long temps rassasiées aux
dépens de l'industrie & du labeur des mal-
heureux Colons : car indépendamment de
l'attention que mérite l'influence ministérielle,
déjà trop étendue, il faut encore observer
que la nomination aux places dépendantes du

gouvernement dans les Colonies y a toujours été regardée comme une vexation des plus accablantes. *Les Colons, ainsi que les habitans de tous les pays, ont le droit de choisir leurs gouverneurs, & tous les autres officiers dont le salaire & les appointemens sont à leur charge.* Et j'aime à croire que la restitution d'un droit aussi juste aux Colons sera de quelque poids aux yeux de ces hommes généreux, qui ont si noblement combattu pour récupérer leurs propres droits. Y a-t-il rien d'aussi absurde & de si peu naturel que de tirer de l'antichambre des ministres, & souvent même de celle de leurs maîtresses, des hommes pour être placés dans les postes les plus importans de nos Colonies, où ils ne peuvent apporter aucune des connoissances nécessaires pour faire le bien, ni avoir aucune raison de s'occuper de la prospérité de ceux qui sont confiés à leurs soins ? Semblables à des oiseaux de passage, ils ne s'arrêtent que pour satisfaire leur appétit ; & ils ne font pas plutôt rassasiés qu'ils s'éloignent avant que le dégât qu'ils ont fait soit connu ; mais c'est pour faire place à d'autres animaux de la même espèce qui, aussi bien disposés que les autres, tombent sur les restes qu'ils trouvent , becquetant & mangeant tout comme ceux qui les ont précédés.

Ne seroit-il pas plus naturel & plus sage que les habitans eussent le droit de nommer eux-mêmes leurs gouverneurs & leurs magistrats ? Le choix tomberoit sur des personnes que leur caractère & leurs vertus auroient distinguées dans la société , & qui, en récompense seroient élevées à des postes honorables , qu'ils regardoient comme un dépôt sacré pour le remettre intact & tel qu'il leur auroit été confié. Alors tous les membres de la société aspireroient à ces places ; mais ils ne les obtiendroient qu'autant qu'ils les auroient méritées ; & c'est aussi alors que les Colons payeront sans murmurer le traitement de leurs gouverneurs ; ils ne regarderont plus ce devoir comme un impôt onéreux, mais comme un don volontaire offert en l'honneur de leur pays , afin d'en soutenir la dignité , & pour maintenir le respect dû à leurs magistrats.

Enfin tout bien considéré , voici ce que l'on peut raisonnablement conclure. Soit que l'on envisage cette matière importante du côté des avantages présens & de ceux à attendre par la suite , soit qu'on la considère relati-

vement au bien - être & à la prospérité des
Colonies, ou à la sûreté & à l'honneur de
la métropole, tout concourt à prouver la
sagesse & la justice du plan conciliatoire que
je propose, & à démontrer les dangers &
les conséquences funestes des voies de force.
Le premier parti peut assurer à la mere-
patrie une source intarissable d'avantages, tandis que le second ne peut qu'entraîner la ruine
des Colonies, du commerce & de la marine
Françoise. Il ne seroit pas difficile, afin de mieux
faire sentir les vues du plan en question,
d'ajouter mille autres argumens pour démontrer l'honneur & l'utilité attachés à des liaisons
de commerce établies sur les bases de l'attachement, de la gratitude & de la réprocité
des avantages, ainsi que le desagrément &
l'inutilité de rapports commerciaux fondés sur
les moyens terribles d'une force conquérante,
& assurés par la voie des armes : mais le
temps presse ; & peut-être, hélas ! au moment
où je trace cette phrase, n'avons - nous
plus de Colonies. Je vais donc me hâter de
proposer quelques conditions fondamentales,
qui, suivant mon opinion, peuvent nous engager à déclarer d'une manière honorable &
fiere la liberté des Colonies, & nous en faire

obtenir par la fuite tous les avantages poſ-
ſibles quant au commerce.

1º. Les Colonies reconnoîtront la fuprématie
du Roi & de l'Empire François, & jouiront
de leur indépendance en vertu d'une charte
émanée d'eux.

2º. Les Colonies feront indépendantes, &
la France garantira leur indépendance envers.
& contre les puiſſances étrangères.

3º. Les Colonies auront feules le droit,
(chacune pour elle-même), de créer leur
conſtitution, de faire des loix, d'établir des
gouverneurs, &c. &c. & de pourvoir à leur
défenfe & fûreté intérieures.

4º. Les Colonies, (moyennant les conditions qui leur feront aſſurées), s'engageront
à recevoir chez elles tous les navires & tous
les objets que la France pourra leur envoyer,
& de lui fournir toutes leurs denrées coloniales libres de tous droits & impôts, tant
pour l'importation que pour l'exportation.

5º. Les Colonies s'engageront à ne point
recevoir les navires & marchandifes d'aucune
autre nation aux mêmes conditions que celles
aſſurées à la France ; mais elles foumettront,
bond fide ; tout le commerce étranger à un
droit de..... par cent pour l'importation ,

& de. . . . . par cent pour l'exportation , ſuivant la valeur.

Ces droits pourroient être établis d'après les principes commerciaux , aſſez forts pour aſſurer à la France l'excluſif avec ſes Colonies.

6°. Les denrées coloniales ſeront reçues en France en payant les droits établis par le tarif général déjà décreté par l'Aſſemblée Nationale.

7°. Les productions des Colonies apportées en France par les Colons eux-mêmes , dans des vaiſſeaux François , & qui ſeront réellement la propriété des planteurs , ſeront reçues , demeureront en dépôt & pourront être exportées ſans être ſujettes à aucun droit : mais lorſqu'elles ſeront vendues en France elles payeront ainſi qu'il a été dit ci-deſſus.

8°. Ceux des habitans François qui ont des réclamations ſur les Colonies, ainſi que les Colons qui ont des prétentions en France , ſeront réciproquement protégés dans la pourſuite de leurs demandes reſpectives contre leurs débiteurs , pardevant les tribunaux établis , ou de toute autre manière légale ; l'intention des deux peuples étant d'aſſurer , autant qu'il eſt poſſible , le recouvrement de tout ce qui peut être dû de part & d'autre.

9°. Les Colonies auront le droit de recruter en France , en fixant toutefois le nombre d'hommes que chaque Colonie pourra fe procurer annuellement. Ces hommes feront engagés pour l'efpace de   années : ils pourront à l'expiration de leur engagement le renouveller à volonté ; mais s'ils ne jugent pas à propos de continuer ils feront libres de revenir en France , où ils feront renvoyés aux frais de la Colonie.

10º. Les armes , munitions & provifions qui fe trouvent actuellement dans les Colonies leur feront préfentées de la part de la Nation & diftribuées proportionnellement entre elles. Ceux d'entre les troupes qui s'y trouvent à préfent , & qui ne voudront point entrer au fervice des Colonies, feront tranfportés en France aux dépens de ces mêmes Colonies.

Je fuis convaincu qu'un examen impartial de ces articles , les fera trouver propres à garantir à la mère-patrie tous les avantages qu'elle peut efpérer de fes Colonies, d'une manière plus folide que ne le pourroit jamais faire le fyftême de force le plus heureux. L'efprit de ces articles s'écarte moins de la fituation actuelle des Colonies qu'on le croit , lorfqu'on n'examine la chofe que fuperficiellement. J'ai eu foin d'éviter tous les détails , tant fur l'approvifionnement des Ifles que fur d'autres objets pareils,

qui doivent être abandonnés a .a 'sagesse &
à l'expérience de ceux qui seront chargés de
l'exécution du plan. Et afin qu'une miſſion auſſi
importante ait tout le poids & la dignité que
comporte le ſujet, elle doit être confiée à un
certain nombre des membres de l'Aſſemblée nationale actuelle. La ſphère ſi étendue de la politique n'offre rien d'auſſi glorieux que la
commiſſion de proclamer la liberté, & de faire
le bonheur d'une portion du genre-humain : &
qui dans le monde entier peut mériter un emploi auſſi honorable, ſinon les membres de
cette aſſemblée qui ont préparé & annoncé la
liberté & la proſpérité de tant de millions de
leurs ſemblables ? Quel que ſoit le ſort du
plan que je propoſe, je n'en aurai pas moins
la ſatisfaction de me rappeller ſans ceſſe, que
nul motif ne m'a dirigé que le deſir d'éviter les
malheurs les plus grands à mon pays en général, & à mes compatriotes en particulier.

Je me flatte qu'il ſera examiné & diſcuté
de bonne foi & ſans paſſion par les différens partis de l'Aſſemblée Nationale. J'eſpere
que MM. du côté droit renonceront à cette
apathie ſi indigne de l'homme, à ce ſilence
ſombre & malin qui marquent leur conduite
depuis long-temps. Qu'ils ſe rapellent que celui
qui promene avec plaiſir ſes regards ſur un

édifice livré aux flammes, eft plus conpable que
l'infenſé dont la témérité imprudente a pu
être la cauſe du déſaſtre. J'aime à croire que
les amis de l'humanité, dont le zèle égaré a
contribué à éténdre les progrès de l'incendie,
me pardonneront les inſtances preſſantes que
je leur fais pour les porter à conſidérer
qu'un pas de plus tout ſera perdu ; tandis qu'à
préſent ils peuvent faire une retraite honorable, & mériter la reconnoiſſance de la
poſtérité tout en défendant leurs principes
les plus chers. Il n'y a point de doute que
ces mêmes principes ſont ſappés dans leurs
fondemens par l'article du 15 mai du décret qui
autoriſe l'eſclavage. Il eſt également évident que
les Colonies ne ſauroient ſubſiſter un ſeul jour
ſans la continuation de l'eſclavage. Il n'eſt
pas moins aiſé de démontrer qu'au moyen
du plan que je propoſe, les amis de l'humanité peuvent avoir la ſatisfaction de ſe
rabattre ſur la pureté de leurs principes, en
interdiſant aux Colonies toute participation à
une conſtitution dont elles ſont indignes : ils
pourront ſe dire à eux-mêmes & au monde
entier, « Nous ne ſommes pas aſſez forts pour
» abolir entièrement la ſervitude ſur la terre,
» mais nous avons réuſſi à garantir notre cons-

» titution de la tache qui l'eut souillée, si
» l'esclavage avoit été permis dans une seule
» partie de l'empire François ; & nous con-
» sentons avec joie à l'indépendance des Co-
» lonies, plutôt que de participer à leur
» crime. » Je n'ai plus qu'un mot à dire sur
ce sujet, & je suis convaincu qu'il sera d'un
grand poids auprès de ceux à qui je l'adresse.
En persistant dans le système actuel vous cau-
serez la perte entière des gens de couleur ; au
lieu que si vous retirez votre appui il est
clair que les Colons se trouveront d'abord
intéressés à mettre ces gens-là dans leur parti,
ils deviendront leurs amis & leurs protec-
teurs. Aussi long-temps que les royalistes Américains ont été soutenus par les Anglois, ils
furent détestés & abhorrés par leurs compatriotes : c'étoit des mauvais citoyens, des
habitans inutiles. Du moment où ils furent
laissés à la merci de leur propre gouvernement, ils se sont fondus dans la masse des
habitans, & ils ont contribué à augmenter
la force & la vigueur de cette nation nais-
sante. Il en sera de même des gens de couleur dans nos Colonies si nous ne perpétuons
pas le mal par une protection imprudente &
inutile.

Je ne puis terminer ces observations sans m'adresser à cette classe distinguée de patriotes, qui ont tant de fois triomphé des efforts d'un parti égaré par le zèle ou par l'intérêt ; qui ont conduit le vaisseau de l'état dans le port, au milieu de la tempête & du choc furieux des élémens ; & qui ont toujours fait paroître cette majorité précieuse de l'Assemblée, chaque fois que les dangers sont devenus plus à craindre. Je vous conjure, Messieurs*, par amour pour la liberté, par votre respect pour la justice, par votre attachement pour la paix, mais sur-tout par cette flamme sacrée qui embrâse vos cœurs, *l'amour de la Patrie* ; je vous conjure de ne point vous séparer avant d'avoir jetté les fondemens d'une alliance perpétuelle entre la France & ses Colonies ; bienfait qui par la suite des temps sera regardé comme le plus précieux joyau de cette couronne de gloire que l'immortalité vous destine en récompense de vos travaux, & des services rendus par vous à *l'espèce humaine.*

Au moment où ceci va à la presse il me tombe entre les mains une lettre sur le même sujet ; signée Louis Monneron. Comme je connois la philantropie sans bornes & le cœur de ce député, je suis sûr qu'il sera peiné de voir l'analyse de ses argumens telle que la onzième page de sa lettre les présente. La voici exactement. « Imitez la conduite des » Anglois en Amérique ; essayez d'égorger les » Colons ; & si le succès ne répond pas à la » tentative & à vos efforts, abandonnez-les » à eux-mêmes ; ils reviendront de leur » propre mouvement vous offrir leur com- » merce comme les Américains ont fait à » l'égard des Anglois , & vous vous trou- » verez dans le même cas. » Hé bien , soit ! Mais si les Anglois avoient suivi la marche tracée par mon plan , ils auroient eu le même commerce que celui qu'ils ont , avec une dete de deux milliards de moins , & cent mille artisans & ouvriers de plus. A tous ces raisonnemens je répète : *Jacta est alea :* & nous n'avons d'autre parti à prendre que d'offrir l'indépendance à des conditions raisonnables.

Un Propriétaire Colonial résident en France.

P. S. On me demandera peut‑être d'où vient que j'ai préféré l'indépendance modifiée que je propose à celle dont jouissent les Colonies Angloises , & qui a tant d'approbateurs dans les cercles de la Capitale. A cela je reponds que mon plan me paroît plus équitable , & pour la mère-contrée & pour les Colonies , que le fyftême actuel du gouvernement Anglois à l'égard des fiennes. Mais afin que chacun puiffe juger par foi-même , je vais expofer les principaux points du fyftéme Anglois.

Les Colonies Angloifes, (chacune pour elle-méme), ont feules le pouvoir de faire les loix néceffaires à leur police & gouvernement intérieurs, fans que le parlement de la Grande-Bretagne ait le droit de s'en mêler. Si-tôt que ces loix font paffées dans une île quelconque elles y font exécutées ; & ce n'eft qu'après, qu'on envoie des doubles au roi , qui , en vertu de fa prérogative , pourroit , pendant un certain temps , arrêter leur effet : mais il en eft de cela comme de fon *veto* , dont il ne fait jamais ufage.

La métropole fait face à toutes les dépenfes du gouuernement , *pour le dedans comme pour le dehor* ; elle eft chargée de protéger & défendre les Colonies , ainfi que d'entretenir les fortifications , &c. &c.

Il ne fe perçoit pas un fou dans les îles que pour fournir aux dépenfes de l'affemblée coloniale , ou pour fervir aux befoins intérieurs & du local , fuivant l'autorifation libre de l'assemblée Coloniale, qui, seule, dispose de la levée & de l'emploi des fonds. Le Roi nomme les gouverneurs, les juges, &c.; mais quelque soit l'individu sur qui tombe le choix, depuis le premier jusqu'au dernier officier, tous *sont payés par la nation, & non par les Colonies.*

La Grande - Bretagne est en possession du commerce exclusif de ses Colonies; mais en revanche celles-ci ont, seules, le droit de fournir plusieurs articles à la consommation de la mère-patrie. L'Angleterre, ne pourroit recevoir un boucaut de sucre étranger, sans enfreindre ses traités avec les Colonies, & briser les liens qui établissent cette réciprocité d'avantages, sans laquelle le commerce est tari dans sa source. — Voilà le grand secret que la France doit apprendre avant de pouvoir rivaliser avec succès ses voisins.

La conduite que le Parlement Britannique a tenue dernièrement au sujet de la traite des Nègres a été généralement mal interprétée en France, en ce qu'on l'a regardée comme une preuve du droit que l'Angleterre pouvoit avoir de donner des loix à ses Colonies; tandis que cette conduite prouve évidemment tout le contraire.

Il est notoire, & l'Angleterre l'a avoué,

qu'elle n'avoit pas le droit de faire le moindre réglement qui liât les Colonies, même dans la vue d'améliorer le fort des efclaves ; & voilà pourquoi, afin de les engager à adopter cette mefure d'elles − mêmes, le Parlement avoit imaginé d'*abolir le commerce des efclaves entre l'Angleterre & l'Afrique*, & d'effayer par cette manière indirecte ce qu'elle ne pouvoit entreprendre ouvertement.

Il faut obferver que nous parlons ici *du droit*, & non *du pouvoir*. Toutes les fois que cette dernière confidération eft reçue comme un argument dans un état libre, c'eft le cas de la *diffolution* de tout Gouvernement légitime ; & il ne refte plus alors que d'avoir recours à l'*ultimâ ratio regum*.

De l'Imprimerie de BOULARD, Imprimeur-Libraire, rue Neuve Saint-Roch, No. 51.